ARGENTINA
ANTOLOGÍA POÉTICA

EDITORIAL HISPANA,
ESTADOS UNIDOS DE AMÉRICA

Esta publicación es apoyada por: www.editorialhispana.com

ISBN-13: 978- 1729584200

ISBN-10: 1729584209

PRÓLOGO

En esta antología poética dedicada a la República Argentina nos encontramos con un conjunto de poemas que desnudan el alma, la desmenuzan, exponiendo los sentimientos en su máxima dimensión, esa es la esencia que se transmite en este libro.

Un libro no es solo escribir, significa lanzarse a la aventura de crear donde los escritores revelan sus alegrías, tristezas, inocencias extraviadas, sueños inalcanzables, romanticismo en toda su dimensión en exquisitos poemas cargados de emociones, circunstancias que tarde ó temprano se exteriorizarán en la vida de los poetas.

Los autores van dejando huella a través de sus escritos, a través de su lectura los iremos conociendo a cada uno de ellos y creo que no exageramos al decir que todos son tan bellas personas por dentro como lo son de bellos sus poemas.

¡A desplegar sus alas queridos poetas!

¡Qué el mundo los conozca a través de su excelsa obra!

Editorial Hispana

Los siguientes escritores están aportando al desarrollo de las letras hispanoamericanas:

Elías Antonio Almada

Andres Norberto Baodoino

Ime Biassoni

Norma Isabel Bruno

Elda Cantú

Nilsa Esponda

Alicia Farina

Sergio Nahuel Gómez

Sylvia Ovington

Ana María Ulehla

Lic. Patricia Elena Vilas

Mariel Gabrieal Zucca

ELÍAS ANTONIO ALMADA

ELIAS ANTONIO ALMADA
BIOGRAFÍA

Nacido el 27 de Agosto de 1962 en la cuidad de Concepción del Uruguay, provincia de Entre Ríos, Argentina.
Poeta, escritor con participación en más 100 antologías en Ebooks, y libros en papel en Argentina, Chile, Bolivia, Venezuela, Brasil, Perú, México, Puerto Rico, Nicaragua y España.
Miembro de: Poetas del Mundo, Unión Hispano mundial de Escritores, Sociedad Venezolana de Arte, Parnassus Patria de Artistas, Belas Artes Belas, y diversos grupos literarios de Facebook. Representante en la provincia de Ente Ríos de G.E.P.A.N. Con Participación en diversos encuentros de poetas, escritores, de Educación y de Historia, entre los que se destacan el congreso de Educación del Norte y Norte Grande en La Banda, Santiago del Estero y el de historia Militar en el regimiento de Granaderos a Caballos Gral., San Martin, escolta presidencial, ambos en años 2012 y el congreso Mundial de al Unión Hispanomundial de Escritores en Buenos Aires 2018. Embajador del Día de la palabra y del Idioma Español del Museo de la Palabra de Madrid. Publicando en revistas y otros medios gráficos, como así también orales de España. Rumania, y Argentina. Edito su primer libro, aun no presentado, este año.

LETRAS EXTRAVIADAS

Los sueños de una noche de cordura
son las fantasías de aquellas de locuras
en las que en el humo de un café en silencio
se hace presente el de esos pasados cigarrillos,
cadenciosas melodías de un piano
rememoran las notas ebrias de algún saxo
recorriendo la sonrisa tierna de mi boca
se hace presente tu fresca alegría,
al soplar la suave y primaveral brisa
acerca lejanos vientos de tormenta
trayendo miel pura hacía mis labios
es el tiempo que sabe del sabor de tus besos,
el tornasol de antaño en tus ojos
reluce en las visitas que al alba me hace del lucero
dibujando felicidad en mis pupilas
al recorrerme las mejillas en forma de nostalgia.

INOCENCIA ATREVIDA

Un ángel
se posó en tus ojos
mueve sus ala con delicadeza
y hace danzar
tus cejas y pestañas,
su luz
que enciende tu mirada
le da brillo intenso
como un tierno rayo
deslizando colores de amor,
dibuja
una mueca alegre en tus labios
armonizando tu boca
cual pinceles con su paleta
estampa tu inocencia atrevida.

TU BELLEZA Y MIS SENTIDOS

El azabache intenso de tu pelo
mora en lo intenso de tu mirada
son tus ojos tierna luz
bajo el arco armónico de tus pestañas,
se desliza por tus labios
un manantial de dulzura
como espuma en la cresta de olas
navegan tus sabores en mi boca,
son la caricias de mis manos
el cobertizo de tus mejillas
y en el rojo intenso de mi corazón
esta latiendo pura tu alma.

LOS COLORES DE TU ROSTRO

Se desliza suave por tu rostro
el horizonte en colores intensos
desde el ámbar tierno de tus ojos
al estridente bermellón de tu labios,
destellos de una tardecita plácida
le ponen un fresco rosa a tus mejillas
y el azul bellaco de las tormentas
se hace casi azabache en el marco de tus cejas,
el sol se entremezcla en tus cabellos
como lluvia de espigas de trigo
que se plantan en lo fértil de tu oscuro
enmarcando una noche de contrates en tu recuadro,
doncella de las tonalidades de la vida
que pintas en tu boca el calor de la sonrisa
cuando en tu piel de perla inmaculada
letras de amor por cinceles sedientos son grabadas.

CANDILEJAS EN EL CORAZÓN

Titilantes pestañeos, la luz en un rincón
acorralado sin escape, el humo del cigarrillo
una dama victoriosa, vitorea sus victorias
en su mirada trasnochada, recuerdos que saben a glorias.

Arpegios de guitarras, amarados a los acordes de un bandoneón
compases de alegres milongas, enlazados a un tango tristón
su sangre se templa en antaño, palpitando hoy en su corazón
hay aromas de café, sobre las penas matizadas en alcohol.

Las caderas briosas pasadas, descansan sus pasos tranquilos
pestañas cómplices arqueadas, amparando el atrevido de sus ojos
sueños de tacones altivos, soñando otros sueños dorados
por sus mejillas se van los ayeres, cuando por su boca regresan
nuevos besos.

ANDRÉS NORBERTO BAODOINO

ANDRÉS NORBERTO BAODOINO

BIOGRAFÍA

Nació y vive en Buenos Aires – Argentina.
Autor de los Libros de Poesías:
"Rimas de amor y sueños del alma" 2013 –
"Renacer", libro digital 2015 –
"Sentimientos" 2017 (Traducido al portugués para Brasil por Editora AM3 – 2018)
Reconocimientos obtenidos:
1° Premio en Poesía "Elegidos 2014" del XLIII Concurso Internacional de Poesía Libro Digital. Instituto Cultural Latinoamericano – Argentina.
1° Premio en el Concurso Internacional Un Poema de Paz por el Mundo – Comunidad Literaria Versos Compartidos Argentina 2015.
1° Premio en Poesía del Concurso Radial Internacional Vivencias Verdes a Orillas del Mar, poema: "El mar en ti" – República Dominicana 2015
3° Premio del II Concurso Literario de Cuento Corto MARIO NESTOROF Chaco – Argentina.
1° Premio en Poesía Certamen "Bicentenario de la Declaración de la Independencia" del Centro Cultural Kemkem - 9 de Julio del 2016 – Argentina.
1° premio en Poesía del 3° Concurso Internacional "Alfredo Rodolfo Bufano" 2016 La Paz y el perdón - San Rafael SIPEA-MENDOZA – Argentina.
3° Premio IV Concurso Literario Internacional Cuento Mario Nestoroff, Biblioteca Pública Cervantes 2016 - Argentina
5° Premio del 53° Concurso Internacional Narrativa Del Instituto

Cultural Latinoamericano Elegidos 2016 Libro Digital - Argentina
1° Premio en Poesía Concurso Internacional ArgePic "Scrivere Piccante" **2017 Tarquina – Italia**.
1° Premio Relato: Conc. Internacional ArgePic Racconti "Scrivere Piccante" **2018 Tarquina-Italia**
3° Premio Poesía SADE Rosario - Concurso Literario de Poesía y Narrativa 2018.
7° Premio Poesía Centro Cultural Kemkem - Sonetos sobre la Paz Concurso Internacional 2018.
Premio a la Excelencia Latina – Latinoamericano de Oro 2017 Panamá y 2018 Venezuela.
Premio "Trayectoria" Escritor - Latin Music Awuards 2017 Guayaquil – Ecuador.
Estrella de Plata – Montevideo - Uruguay 2018
Embajador de la palabra del "Museo de la Palabra" de la fundación César Egidio Serrano – Madrid-España.

QUÉDATE EN MÍ

Quédate conmigo para acariciar tu alma
no me castigues con tu ausencia,
si nada es para siempre tengo miedo
que tu amor sea solo un anhelo.
Deseo tanto esta noche
pero suplico que nunca salga el sol,
temo que el tenerte sea solo sueño
y angustia de mis días el despertar.

Quédate entre mis brazos
para abrigar tu desnudez,
para retener tu alma noble
y ser tu sentimiento a flor de piel.
Bésame con la mirada,
acaríciame con tus besos,
siente mis latidos alocados
para que vibre tu cuerpo pasional.

Quédate en mis horas
para hacer eterno este instante,
y si ha de morir mi corazón
que sea polvo de tu estrella.
Quédate con tu luz
ilumina mi oscuridad,
sé destellos de mis tinieblas
y crepúsculo de mi ilusión.

Quédate en mí por siempre
anida esta forma de querer,
dame alas para tocar el cielo
y marca tus huellas en la eternidad.

LA ROSA NEGRA

Me dejaste como legado una rosa negra,
entre mis labios con espinas y heridas,
sin respuestas; peor aún sin preguntas.
Negra, como la nube que llora de melancolía,
lluvia de tristeza de un cielo gris.
Gris como esta alma mía llena de lamento,
húmeda, por llorar por dentro,
mojada, como el cristal después de la tormenta.
Como a la rosa, despedazaste mi corazón
pétalo a pétalo, pedacito a pedacito,
quedando solo mi sombra en tu morada,
tiniebla donde mi oscuridad se desangra.
No pude morir de pena, solo marchité.
No te olvidé, aprendí a vivir sin ti.

TU ALMA Y LA MÍA

Desnuda mi alma y luego abrázame,
abrígame con tu cuerpo
y cobíjame en tus sábanas.
Dame tus momentos
y háblame en todas tus lenguas,
la de ternura y caricias, la de apego y mimos.
Haz sonar tus laúdes
para que canten mis violines,
que la sinfonía de tu voz recite
mis versos en esta noche.
Que el viento sienta tu palabra enamorada,
y al infinito lleve tu coro de lunas.
Susurra en mi oído la melodía de la pasión,
para tallar en mis labios el sumo de tus besos.
Caminemos juntos hasta alcanzar el horizonte,
y atrapemos esa estrella
para ser huella en el firmamento.

SUEÑO DORADO

En tus ojos veo
los jardines misteriosos de tu alma,
y leo en ellos un texto mágico
con tinta de plata en la página del amor.
Soslayo un te quiero en un verso genuino
para despertar tus deseos,
provocar en tus labios un suspiro
y que me acaricies con tu mirada
para ser el hombre que cumpla tus fantasías.
Sentimiento puro, locura hecha ternura,
mujer de ensueño eres mi inspiración
en un poema encendido y pasional,
espesura de reflejos donde me pierdo.

Permanece entre mis brazos para abrigar tu cuerpo,
quédate en mis horas y has eterno este momento,
quédate en mí por siempre y regálame tu eternidad.

Tal vez mañana, quizás otro amanecer,
escuche los silencios de tu alma
después de tantas preguntas sin respuesta,
de indagar secretos íntimos
y ver páginas en blanco.
Será una noche en mis desvelos
que encuentre el alba en el jardín de los sueños
entre musgos y rosas,
en la sentencia de vida de saberte mía,
con la certeza que eres tú…
la otra mitad para ser nosotros.

POEMA TANGO

En una mesa de café, garabateando versos,
vienen los recuerdos del ayer.
La memoria me trae historias,
voces amuradas a su suerte.

La letra marca un relato de pasiones
y de un gran amor;
de almas dolidas, desencuentros,
un adiós y el dolor.

En el pentagrama de mis manos dibujo acordes,
en el espejo de mi alma escribo poesía,
en calma habla mi sentimiento
para regalarle música al corazón.

Un tango llega en el silencio del pasado,
sueños con delirios, despertar con cordura,
para convertir el ayer en hoy
o el dolor del adiós en esperanza.

Así como la luna ilumina al río que manso corre
o el sol llega donde nadie pudo,
da su luz al arrabal hasta llegar al mundo
este tango mío, latir de Buenos Aires.

En la ruta del destino hace huella en mi andar,
escucho su singular gorjeo como el canto de un ave
y aunque sea un pensamiento triste que se baila
¡quiero tu música tango!, ¡tu música hasta morir!

IME BIASSONI,
JUGLAR ARGENTINA y UNIVERSAL.

IME BIASSONI
JUGLAR ARGENTINA y UNIVERSAL. BIOGRAFÍA

Fecha de nacimiento: 9-11-41

Fundadora del Conservatorio "Luz y Lorca" y creadora de los nuevos "Juglares". Miembro Fundador de "Naciones Unidas en las Letras" Colombia. Miembro de "World Congress of Poets". Ambassadeurs de la Paix – Suisse / France. Miembro Honorario de AIELC- Asociación Israelí de Escritores en Lengua Castellana. Delegada y embajadora de la paz de IFLAC en Ceres, Santa Fe. Delegada Cultural de la UHE. Miembro de "Poetas del Mundo". Miembro de REMES "Red Mundial de Escritores en español". Presentó conferencias y participó activamente en Congresos en Argentina, Puerto Rico, Chile, México, España, Ecuador, Perú, Hungría, Taiwán, Kenosha EE.UU., Colombia, Israel, Los Ángeles California, Praga en República Checa y Curtea de Arges en Rumania, donde fue elegida para representar a Argentina en el año 2015. En Cusco, Puno y Arequipa en 2017.

Nominada a Personalidad Destacada en 100 años de Historia de Villa Carlos Paz, por el Centro de Estudios Genealógicos e Históricos.

Embajadora cultural, miembro fundador del Ciclo Narradores y Poetas del Mercosur, en Rosario.

Participó en la inauguración de la Biblioteca del Poeta en Huari, Perú, elegida junto a nueve poetas iberoamericanos. Poeta cofundadora del primer Museo de la poesía manuscrita en La Carolina. Prologó la obra "Final de era", entre otras, con un análisis de esta. Editados: 6 libros, 12 opúsculos. Varios premios. Participación en 69 antologías internacionales. Más de 400 premios literarios en sus alumnos...

GOTAS

Es la paleta del pintor Dios
la que arrulla mis sentidos,
es la música sublime
la que se prende a mis oídos.

Me permito equivocarme
porque quiero aprender.
El mundo es una cinta
digna de contemplar y ver,
es un pequeñísimo escenario
donde notas de metal
a veces se escriben
en una gota de agua.
Pero veo más allá
donde se juntan todas las gotas
brindando ecos mojados
de posibles pasos sin sombras,
cuando tengo los colores del arco iris
en mis manos y a lo lejos
una aurora que busco alcanzar.

El tiempo es eso
puro aprendizaje
abriendo puertas
para ver el sol
en gotas de metal.

RECORRIDO

En las aguas profundas de un libro
se oculta un mar de palabras
que espera voces para salir a flote.

Me enredo en viejos caminos
cuando la distancia es tiempo
y amarillean nostalgias
por lo recorrido.

No puedo destejer lo vivido
miro al frente, agradezco la vida
la que puso en mis pies oportunidades
amontonando sueños…

El hoy es fresco de recuerdos viejos
dejo en papeles aglutinados
mis historias, tradiciones, fantasías
entelequias que no se duermen.

Estoy viva en carretera actual
dando giros estiro mis manos
mis rodillas tocan el suelo
elevo la mirada, mis labios pronuncian:
¡presente! ¡gracias Dios!

HACIA

Hay música en las paredes
que devuelven melodías al
aire
por un cielo que riela
luz en los ojos de algo.

Soy hija de la luz
nieta del desconcierto
camino con el viento
apago cristales
enciendo resortes
llegando adonde quiero.

Las nubes no manejan
y se junta la lluvia
a través de la ventana
con sonidos de truenos
atando pensamientos
desatando tiempos.

Es un pedazo de presente
que no mira el pasado
y se cuela entre telones
para dominar caminos
girar mi cambio
hacia un cielo despejado.

HAY SILENCIOS

Con mis dedos
toco
la luz de tus
ojos
y una suave
caricia
llega a mi
corazón.

Hay silencios que hablan
más que las palabras
mar adentro me inundo
buscando paz ansiada.

Los colores se acentúan
girando multiplican blanco
con alas invisibles
miro, sonrío y canto.

La Tierra sufriente no ata
siempre brinda y da
azules envolventes…
Mis dedos buscan sus ojos
encuentran tranquilidad
y vuelo en nubes clandestinas
caminando ya sin letras.

MISTERIOS

Si me hubiese conocido antes
mi vida en una tarjeta estaría.

Soy del color del fuego
vengo del barro
y me crezco a diario,
soy nube que pasa
desciendo en rocas y no me quedo
soy del color del mar y allí me pierdo.

Componentes misteriosos
en mi sangre
con tiempo y sin tiempo
me arden.
Mi parte salvaje
también en mi corazón vive
alma inquieta
que busca relojes
desde los orígenes
y encuentra misterios
en imágenes no visibles.

Ime Biassoni, juglar

NORMA ISABEL BRUNO

NORMA ISABEL BRUNO

Nació en la provincia de Corrientes, República Argentina.
Cursó estudios de Derecho, Psicología, Antropología Filosófica y Periodismo.
Miembro activo de la S.A.D.E. Sociedad Argentina de Escritores y colabora estrechamente en todas las actividades desde el año 2000.
Publicó siete libros de variados géneros. Participó en siete Antologías de carácter Nacionales e Internacionales; Recibiendo múltiples premios, reconocimientos y menciones a su labor constante de promocionar el acervo y la idiosincrasia de la provincia que la vio nacer.
Fue congresal en el 9° Congreso Argentino de Escritores, Provincia de Córdoba 2015. Fundadora y directora de la revista "Signos del ser" declarada de interés cultural por el gobierno de la provincia. Galardonada por Green Peace Internacional y recientemente, declarada ciudadana ilustre en la ciudad de Hernandarias ubicada en la triple frontera que fue entregada por primera vez en la historia de la ciudad. El Instituto de Cultura y el Ministerio de Educación de la provincia respaldan permanentemente sus presentaciones y conferencias en ferias, encuentros y congresos.
Sus libros: Preludio de Vida (2003) ensayo, Sincronías de Ensueño (2004) ciencia ficción, Odas al Alma (2005) poesía, El Milagro de la Cruz (2008) Cuento infantil, Vuelo de Pájaros (2009) Cuentos Infantiles, Recetario de comidas regionales correntinas (2010), Payes, Poras y otras Hierbas(2017) Cuentos fantásticos y de terror.

LIBRE

Después de un largo esfuerzo persistente
con combates internos incontables
y múltiples derrotas comentables
conseguí abrir la puerta finalmente.

Un horizonte ambiguo vi a mi frente
con una claridad inigualable
que me inyectó valor para que hable
con un lenguaje libre y diferente.

Cuando cedieron todos los cerrojos
un exceso de amor lleno mis ojos
haciendo que en mi pecho, el verbo vibre.

No hay rejas de metal, ni cerraduras
que aprisionen los sueños, las locuras
que imagina el poeta, en su alma libre.

SUPERVIVENCIA

Nadie sabía que detrás del muro
una señal de vida como un faro
que alumbra el solitario mar oscuro
esperaba en mi triste desamparo.

Yo no sabía que del otro lado
lenta una flor crecía en el cimiento
elevando su cáliz sonrosado
para ponerle fin a mi aislamiento.

La flor que se asomo con su mensaje
era la absolución de la poesía
que libra del cuerpo y del anclaje
y en plena noche, te regala el día.

En otro plano, al lado, aunque invisible
o adentro de uno mismo en hueso, arteria
puede gestarse un sueño, y ser posible
que te salve del muro y la materia.

TEMPLANZA

Pensar que con un pétalo inocente
se puede conmover un alma dura,
y con mínima luz en noche obscura
orientar al perdido penitente.

Para acercarse al prójimo, dulzura
es lo que se precisa y simplemente
un beso de perdón dado en la frente
abre del corazón la cerradura.

¿Qué valor tiene el hombre que en sí mismo
se cierra en su ignorancia o su pavura?
¿Qué aislándose en un ciego dogmatismo?

Afrontando la vida y su aventura
Con un riesgo total, sin armadura,
es procurar flotar, sobre el abismo.

SER O NO SER

Este es el símbolo que nos sindica
internamente dirigir la barca
sabiendo de antemano que la parca
el tiempo de la muerte nos indica.

Pero incansable el hombre no claudica
como el mismo mar que no se aplaca
las dos, sin darse cuenta son resacas
que para el tiempo nada significa.

La barca, el mar, el hombre su trabajo
lo grande y lo pequeño es espantajo
que en el olvido quedaran sin nombre.

Hay que ganarse el pan, y mientras tanto
para olvidar la esclavitud: el canto
¿ser o existir? desorientan al hombre…

DISFRAZ

Ven… pena mía
disfrázate de risa
ya llegó la mañana y es preciso
que vistas del celeste vestido de la alegría.
hoy saldremos de nuevo… como si nada
ven… pequeño verso mío
intenta algún disfraz sonoro y colorido
agoniza la noche
atraviesa tímida la luz del día
ponte la luz que brilla
en las calladas perlas del rocío
ven lágrima… no temas
solo quiero guardarte
en un pequeño hueco del latido.
hoy saldré hacia las calles
con mi disfraz de gozo
comprende…
no puedes ir conmigo
cuando llegue otra noche
tal vez nos reencontremos…
para jugar a la ronda de recuerdos
y olvidos
tal vez…
¿Quién sabe cuánto cabe en el vacío?

ELDA CANTÚ

ELDA CANTÚ

BIOGRAFÍA

Nació en 9 de Julio, Provincia de Buenos Aires. Vive en La Plata. Maestra Normal Nacional.
Docente en esc. Primarias y secundarias. Directora en Esc. rurales y planta urbana.
Técnica Universitaria en Administración, Univ. Nac. de Luján
Cursó estudios de Derecho en la UNLP
Participó con poesías en Libro Agustina III, 9 de Julio
Participa en encuentros y concursos literarios
Autora del libro: Poemas y algo más

OLVIDARME DEL TRABAJO

Hoy no tengo ganas
de trabajar en la casa,
de las tareas cotidianas
del almuerzo, no sé qué!...

Hoy quisiera caminar
a la luz de la luna,
tomada de tu brazo
y que me hables de amor.

Salir de la rutina,
mirar las estrellas
y ver cuál es la más bella,
la de más lindo color.

Mirarme en tus ojos negros
que son para mí el remanso,
donde descansa mi alma
y se enciende el corazón.

Hoy sólo quiero descansar,
olvidarme del trabajo
quedarme entre tus brazos,
cerrar los ojos y soñar...

HONDA TRISTEZA

Amanece gris el día
con nubes surcando el cielo,
llenándolo de tristeza
de sombras y de dolor.
Una tristeza muy honda
como la que siente mi alma,
porque la paz se ha alejado
de aquellos que quieren calma.

El cielo está llorando,
son finos hilos su llanto
que se clavan como púas,
sangrando el corazón hermano.
Porque son nuestros hermanos
los que sufren, los que lloran,
los que quieren tener paz
que los bárbaros les roban.

Esos bárbaros que matan
porque otros piensan distinto,
enviados por quienes están
colmados por el delirio.
Pero creo que pasará,
no hay mal que dure cien años,
nuevos vientos soplarán
infundiendo luz y calma.

FRÍA TARDE

Muy despacio cae la tarde
con su abanico de colores,
las hojas ruedan en las calles
como simples papelitos
crujiendo bajo mis pies.
Una lluvia tenue, fría,
resbala sobre mi rostro
mojando todo mi cuerpo,
mientras el barro ensucia
mis zapatos y mis pies,
haciendo sentir el frío
mientras camino tranquila
para llegar a mi casa,
donde esperan a los que quiero,
donde me visto de sueños
con el canto de las musas
que juegan a mi alrededor
llenas de luz y de amor.
Allí vive mi ilusión.

MISCELÁNEAS

La mañana se colma de dulces trinos
llenando de emociones con sus sonidos.

Serena y suave corre el agua del río,
el aire fresco trae sus nuevos bríos.

Con bellos colores se pintan las flores,
Despacito, despacito, nos llenan de amores.

El picaflor orondo liba el néctar,
mariposas que llegan también festejan.

Una niña bonita junta unas piedras,
son de muchos colores, grandes, pequeñas.

Esa es la magia de la naturaleza,
llenando de colores con sus bellezas.

IMPOSIBLE OLVIDAR

El aire fresco del mar
te trajo a mi,
iluminando mi vida
con tus palabras tan tiernas.
Mis ilusiones ya rotas
en desparramadas piezas,
se rearmaron cual juguete
en las manos de un niño.
No puedo creer todavía
lo bien que me he sentido,
cuando tu voz amorosa
hablándome al oído
me hizo renacer,
de esos escombros perdidos
por el transcurso del tiempo.
De cada uno de ellos,
pedacitos de mi vida,
hiciste nacer mil sueños
que recuerdo todavía.
Fue un tiempo muy feliz
imposible de olvidar,
ellos se quedarán
por siempre en mi corazón.

NILSA ESPONDA

NILSA ESPONDA

BIOGRAFÍA

Nilsa Esponda nació en Santo Tomé en 1949, es Maestra Normal Nacional, Profesora de Filosofía y Pedagogía, Licenciada en Filosofía y Post Grado en Capacitación Directiva.
Se desempeñó en Orientación Vocacional (Gabinete Psicopedagógico Nivel Medio Escuela Normal "Profesor Víctor Mercante" Santo Tomé, Corrientes); Módulo a la Institución (3° Año Profesorado de Biología) y rol docente y profesionalización (3° Año Nivel Inicial); Psicología del Aprendizaje (Profesorado E.G.B. 1 y 2); ex Miembro Activo del Departamento de Capacitación Docente; en el Instituto Jorge Luis Borges, Santo Tomé, Corrientes).
Ex Miembro Activo en la Coordinación de Actividades de Extensión Cultural y Comunicatoria (Escuela Normal) "Profesor Víctor Mercante" Santo Tomé, Corrientes.
Coordinadora General de las Jornadas Culturales (Escuela Normal) "Profesor Víctor Mercante" Santo Tomé, Corrientes.
Profesora en Escuela Normal "Mariano Moreno" y Colegio Inmaculada de Apóstoles, Misiones.
Profesora en Instituto Inmaculada, Buenos Aires. Escuela Normal Próspero Alemandri Buenos Aires. Escuela Simón Bolívar, Buenos Aires. Escuela Nacional N°2 Buenos Aires. Escuela Normal "Paula A. de Sarmiento", Virasoro.
Actualmente Capacitadora y Coordinadora Pedagógica en Fundación Jóvenes del Futuro hasta 2016 Sede Privada en Proyectos Educativos, Orientación Vocacional y Atención a la Diversidad.
Actualmente Coordinación Privada en Proyectos Pedagógicos.
Seleccionada con sus libros "Brisas y vientos del alma" para

representar a Argentina en Guadalajara 2017 y "Entrelazando Espacios, camino al horizonte Guadalajara 2018 y Alemania 2018.
Otras publicaciones de la autora:

QUIERO

¡Quiero quedarme suspendida entre tu ausencia!

¡entre tus idas y venidas!

¡no saber el destino de tu tren!

¡no quiero invadir en tu silencio!

¡ni que queden sin respuestas tus palabras!

¡quiero simplemente el viaje con tu viaje!

¡que el reloj de tu cansancio explore de poesía!

¡quiero el hálito primero!

¡la ternura!

¡y al fin de cuentas

Esa es mi eternidad!

Esa es ¡mi vida con tu vida!

BRISAS DE DIOS

Brisa sigue mis viajes
sigue conmigo

sigue abrazando vuelos y

distancias

sigue robándome intempestivas

sorpresas.

Eres el oleaje de vuelos

y de proyectos

que vienen,

que van,

que me llenan,

que no adeudan asignaturas,

ya no.

Ya fue zanjeada la última

ya no hay despojos de

sueños

hay simplemente vida

brisas que sabes donde

comienzan y terminan cada día.

allí donde me abrazan

algunas agonías

pero me sostienen singulares

movimientos.

y comienzo a vivir con la

pluralidad

tus sueños y los míos

y nada más.

De pronto se inundanadon las

llanuras.

se hicieron montañas las mesetas

ya no se ahoga mi pregunta

ya no se calla mi palabra

soy buscadora de tiempos infinitos

y no pido más,

quien tiene aires y fulgores.

ha comenzado la aurora de

fronteras

que traspasan

la dimensión estrecha

de caminos sin sentidos

en paz te doy la gloria Dios.

Porque tú inundas mis aires

de formas diferentes.

No crucificas mis ideas

soy la voz,

que tú deseas que yo sea.

TU MISTERIO

Mirando detrás de la puerta

asoma la luz de aquel cuadro

pintado con dejos de alma

que irradia una lumbre infinita.

Tal vez el misterio me invada

tratando de ver hacia adentro…

No encuentro respuestas y comprendo

que vuela a lo alto tu espíritu,

buscando tal vez otros mundos

intangibles y abiertos al cielo.

¿en qué espacio renace tu alma?

¿con qué duendes te encuentras

cuando sueñas con mundos lejanos?

¿qué secretos lastiman tu adentro

que no pueden sanar tus heridas?

me imagino tus alas abiertas,

reflejando tus noches

en la mar de borrascas y olas,

tu inefable ternura de amigo

conservada en el límpido

cristal de mi espíritu...

y hoy, el tiempo, con calma de otoño...

vuelve a unir tu destino a mi mundo.

¿qué podría decir que no sepas

si la estrella aún sigue brillando?

si conoces de mí la poesía

y aún, en las noches,

percibes su llama encendida.

solo puedo mirar a lo lejos...

y en un cuadro de vivos colores...

ver tu imagen con mundos diversos...

¡vuela, hoy, golondrina viajera...

y buscando septiembre de flores...

haz que tu vuelo se junte a mi vuelo...

En algún pedacito de cielo

habrá un mundo de viejas nostalgias

y un camino, al fin, detenido…

en un verde paisaje de sueños.

TIEMPOS NUEVOS

Y busqué las voces entre
tantas voces…

y busqué tu risa entre

mis desiertos.

Fue mágico el día en que

nos miramos

pasando el umbral de rumbos

distintos

de pronto, tu historia se mezcla en la mía

con tormentas viejas y frescuras

nuevas.

Miramos el cielo hasta ver la luna.

perderse en la aurora del

nacer primero.

Y supimos entonces

que no hay olvido

entre tantos puentes

que cruzamos juntos

y casi en el viaje del

ocaso mismo.

Se fundió un poema

con otros cantares.

y empecé a ponerle

tintas de colores,

a los tiempos nuevos

que rompen los vientos

para ser los dueños

de otros paisajes.

Que en las calesitas

se sintieron niños

con voces del alma que se

convocaron

a vivir la vida con improntas diversas

tirando relojes bajo la

llovizna del amor primero.

¡NO SOY MERCANCÍA!

Me siento en silencio

el cielo está oscuro.

La llovizna habla

y el verde sonríe.

Me siento en silencio

con tiempos sin rumbos

¡porque tanto tiempo

fue tan ordenado!

Que hoy quiero un poco

¡tirar los relojes!

¡romper las alarmas!

¡vivir sin la prisa

de esas tantas prisas

que se presentaron!

Entonces la calma

me devuelve vida

¡y me quedo sumida

en mi propia alma!

¡tejiendo los rumbos de

otros horizontes!

¡sabiendo que nadie

me roba brisas!

¿qué importa el murmullo

que no tiene ecos?

¿qué no tiene ecos?

¿qué importa el paisaje

de seres soberbios?

¡a mí no me roza

la tormenta ajena!

¡ni la vil materia

teñida de envidias!

¡ni tu competencia!

¡ni estrechos mundos!

¡no me llega el

Barco que viene vacío!

¡a mí me transmite el alma

que vibra!

¡que conoce todo!

¡el dolor, la dicha!

y que cuando llega

me reboza adentro

¡porque sus perfumes

viven con los míos!

¡cada cual que crea

en su pedestal!

¡que caiga despacio!

¡o que permanezca!

Pero hay un solo modo

de saber lo bueno

¡rodearse de gente

que aunque estén caídos

tienen lo que otros

jamás obtendrán!

¡la mente más libre!

¡el alma esperanzada!

¡la humildad que une

amores sin tiempo!

en cambio

¡no pido permiso al soberbio!

¡al que aún se cree

dueño del espacio!

¿qué vacío grande tendrá

por adentro?

Porque el que tiene

paisajes floridos

¡no es mezquino!

¡ni avaro!

¡no me gusta la gente

que crucifica al hombre!

¡que pone su espada!

¡su piedra! ¡su piel!

¡no soy mercancía para

que me ubiquen

en mercados

llenos de ventas de ideas!

¡yo soy la que quiero!

¡porque Dios me guía!

¡y aunque tú, soberbia,

creas que tú puedes!

Allí, en la caída

¡entre tantos polos de

sombras y noches!

¡sentirás que nunca

somos poderosos!

¡Porque cuanto menos damos,

más ruido se siente!

Cuando el fin se acerca,

¡cuando ya muy tarde

te llegue

la vara de la misma

vara con que tú

mediste.

¡Pido por tu alma!

¡porque dentro mío…

ya está el ADN

que Cristo me ha dado!

ALICIA FARINA

ALICIA FARINA
BIOGRAFÍA

Profesora en Lengua y Literatura.
Libro: "Relatos y poemas de ayer de hoy y de la vida" que vio la luz en 2015. Ese mismo año firma ejemplares en la Feria Internacional del libro de Buenos Aires. Es invitada por distintas instituciones a presentar su literatura viajando a provincias como Santa Fé, Tucumán, Córdoba, Santiago del Estero, Chaco, Misiones y distintas localidades de la provincia de Corrientes. Además participó de encuentros internacionales como Encuentro de escritores del Mercosur en Paraguay.-
Participó en concursos nacionales e internacionales. Ganó el Concurso en Córdoba, España "Los mejores 40 relatos" con su obra "Los reyes magos" que también fue seleccionado para integrar la selección El escritor y sus laberintos de Edit Dunken. Participó de las antologías; Peldaño 10, Ñuvaitería y Huella de palabras, Virasoro Ctes.. Participó en Antologías internacionales en Paraguay, Chile y Perú como así también en Mendoza, Argentina: Haceme el cuento 2017, Tierras poéticas y Minúsculas de otoño, 2018. En Santa Fé ; Puente de palabras del Mercosur 2017 y 2018.-
Gestionó la creación de la Biblioteca municipal en el año 2005, siendo Directora de Cultura , el Ballet Imagen de mi pueblo y de la Biblioteca Popular Velmiro Ayala Gauna de Colonia Liebig, Corrientes en 2017 de la cual es Presidente de la Comisión Directiva.

CUANDO EL AMOR CALLA…

Lo escucho en los medios, lo veo en los medios.

La crisis se agiganta en este sol de enero.

¡Ni una menos¡ dicen en coro; ¡ni una menos¡

Acompañan los grandes y también los pequeños.

Violencia de género… ¿Qué es eso? por Dios...

Si juraron amarse ante ti; coronados de sueños,

cubiertos de risas, de arroz y deseos buenos.

Embriagados de amor el altar colmaron,

de nácar blanco ella y él de elegante negro.

Y después ¿Qué pasó? La rutina los embargó.

Los problemas hicieron mella, el sol se escondió

y supieron distintas las estrellas.

El destino se desvió y rumbos paralelos siguió.

La risa se marchitó como hoja en otoño.

Las palabras se fueron en busca de un nuevo oído

o quizá se escondieron temerosas y con frío.

Y por la puerta del entendimiento entraron tonos distintos;

voces altas laceradas con insultos y malos entendidos.

Luego la suavidad, de aquellas manos, se tornó violenta

y buscaron hacer daño…

ANDAMIO…

Me buscas como guía, alumno mío,

mirada tímida. Confiado en mi sabiduría.

Me buscas para subir al tren del entendimiento.

Una vez que asciendes ya no me necesitas

y está bien que así sea…

Soy tu profesora, el andamio que sostiene

tú, alumno, te formarás fuerte, seguro

y sostendrás los cimientos de tu vida

y entones; te observaré orgullosa de tus logros.

El aprendizaje tiene garras espectaculares;

me llegan a mí, te llegan a ti, te atrae hacia el torrente

donde las palabras reinan, tienen sentido,

hablan en todos los idiomas posibles y señalan destinos.

Te brindo herramientas que te abren puertas,

que aumentan tu autoestima y te hacen fuerte;

afianzan valores para a la vida.

Esta vida que vale la pena vivirla

ALBA PERLADA

Alba, luz, silencio.

Mis manos entrelazadas en tus manos.

Los cuerpos cercanos, satisfechos, de mieles cubiertos.

El rocío mañanero se hace eco de tu encanto.

Perlas blancas danzan melodías de Baco desde tu garganta.

Suave, lenta la copa de cristal descansa en la mesa.

El roble y el cristal forman la unión perfecta.

El diálogo obligado nos pilla somnolientos,

amantes, amigos

proyectando caminar descalzos entre las hojas del suelo,

pincharnos con toritos y ortigas verdes que arden al contacto con el agua.

Sentir el crujir de las escarchas y refrescarnos en el manantial del alma.

"Tú y yo" grita la arboleda, ésa que nos señala el camino hacia casa.

Una al lado de la otra plantada.

Ésa, que forma el mogote de las pitangas;

dulces, rojas, abundantes y…pequeñas frutas que sacian.

La brisa se adueña del paisaje. Lo desparrama de un soplo y lo acomoda de otro.

La brisa cómplice;

que esta mañana te despeina, dándole sensualidad a tu mirada.

Tomo el aire en la paz de nuestro hogar. Las cortinas blancas ondean

con el aire que ingresa por la ventana y la acaricia apenas.

El aire Trae el aroma de la vida, del manantial que persigue sin cesar su cauce.

El agua clara sale a la superficie saluda con voz de cisne

y vuelve a su reino en el centro de la tierra.

Ceremonia infinita que nos invade y nos acerca.

El agua, la luz, el aire y la tierra son imprescindibles

elementos naturales que nos rodean, nos buscan, nos hallan.

Por fin el sueño vence los pensamientos, y nos zambullimos al infinito.

Felices; porque me tienes, porque te tengo, porque nos tenemos…

SERGIO NAHUEL GÓMEZ

SERGIO NAHUEL GÓMEZ
BIOGRAFÍA

Soy Sergio Nahuel Gómez, y nací el mediodía del 3 de noviembre de 1988, en Florencio Varela (Buenos Aires)
Desde el año 2001 escribo.
Participé en nueve antologías tanto en Tucumán y Buenos Aires como en España.
Publiqué los poemarios "Independencia" (2017) y "Pasión" (2018).
Concurso El Foco del Poeta: Participación Destacada (2018)

CATORCE

Ha sido
descubierto el secreto
difundido en centro
los flancos adquieren
conocimiento
expansión necesaria
colabora desde puerto

Navega alta mar
alpinista de cumbre
caminante haz andar
motor molecular
big bang generacional
afluente terrenal
sanar desde el alma

PASIÓN

Arde llama eterna
es tu ser
alma manifiesta
visión de legado

Buscador devoto
Humanitario
protector natural
descendiente futurista

Predilecto
enriquecedor
canalizas esencia
entrega vida

¡Mirad!
prójimo solicita
hay quienes escuchan
aurora existencial

ZIFIRA

Reina dulce
enamorada natural
artista observador
escribirá sentir
cada instante

Pluma recorrerá
senderos intangibles
mirada profunda
halla núcleo
del Ser

REGGINA

Aunque esta noche muera
el cuerpo que poseo en esta era
jamás sentirá frío

Dejaré mensaje en la luna
para que en cada noche
puedas leerme

Inspiraré al sol de cada alba
te despertará cálidamente
como nunca lo han logrado mis brazos

Pregonaré a la distancia en otra galaxia
quizás en diferente dimensión
visión de amor y solidaridad

Me convertiré en polvo estelar
del cual algún alfarero
combinará mi esencia
con nueva vida
Visión

Sentir perder es ganarle al egoísmo
saber que las rosas poseen espinas
esperar amanecer
durante madrugada

Comprender que siempre habrá
oportunidad de evolucionar
reflexionando altitudes
originarias de quien ser

DESCENDENCIA

Si supieras que la humanidad
se encuentra alborotada
demorarías tu llegar

Si confesara que los seres humanos
nos comunicamos por medio de artefactos
olvidamos el arte de charlar
creerías que exagero

Si vieras el ambiente contaminado
por negligencia y egoísmo
traerías tu jardín

Ten esperanza
tu vida renovada
generará esperanza
Amada serenidad de luz
Viajero del éter

SYLVIA OVINGTON

SYLVIA OVINGTON
BIOGRAFÍA

Absolutamente de Buenos Aires.

Con profesión, pero de vocación voladora.

Me animo a andar por las redes colgando en pentagramas mis letras.

En sitios como, Fundación César Egido Serrano, Museo de la Palabra. Poetas del alma, generación del siglo XXI. Top Radio -online- de Yolanda Quiroz, en Pensamientos al aire, de Milagros Rubio y Atrapados por el texto, columnista, programa de Amalia Beatriz Arzac.

Eventos poéticos y Tiempos de Reflexión, narración y poesía.

GUERRERA

Soy la mujer que se extiende en su habitación.
La que ha vivido, siendo piedra y agua.
Atravesando altas murallas.
Ha caído y se ha levantado.
Herida y sufriente. Nunca declarándose vencida.
Soy la que sale a volar, por la ventana,
todas las noches de luna llena,
perdiéndose entre nubes y azules.
Soy un poco, todavía, esa adolescente perdida,
estirando sus brazos al infinito.
Soñando sin límite.
Esperando convertir el universo
en un sitio de amor.
Ay! sueños.
Sueños de niña,
que mujer, se hacía,
orgullosa y tímida.
Combativa y temerosa.
Sueños, sueños.
Cuántos sin medida,
atesoró y guardó.
Para ésta que sigue su sendero.
Y sigue y sigue, buscando el tesoro oculto.
Tesoro de estrellas. De sonrisas.
Un mundo secreto y único.
Irreal y absoluto.
Con el lúdico encanto de letras.

HACE MUCHO QUE BUSCO

Busco tus manos
hacedoras de milagro.
En silencioso acorde
El grito surge.
Y se hace llama.
Del centro ígneo proviene.
Se enciende en la sangre.
Danza acordes.
Y la tierra llama.
Y es el viento que clama.
Es el pico más alto.
Es el atrevimiento del vuelo.
En los misterios del tiempo.
Descubriendo el sabor.
De fruta madura.
Durazno de verano.
Remontando el anhelo.
De la pasión
en deseo contenido.
Y el saber de los cuerpos
encontrando la música.
Y aún,
pasada la tormenta.
Renovando del amor
la promesa.
Navegando los mares australes.
Y cálidas
serán sus aguas.

TU NOMBRE

Tu nombre es viento.
En la altura
de la árida piedra.
Tu nombre es canto
de fuego en crudo invierno.
Tu nombre se agita
en el interior temerario.
Tu nombre es coraje, bravura
de clima e historia.
Tu nombre es silencio
en noches de soledad incierta.
Tu nombre trae sentimientos encontrados.
Entre la distancia y el tiempo.
Entre los caminos y los ríos y tú sonrisa sincera.
Tu nombre es paciencia
que al amor arrulla.
Tu nombre despierta al océano.
Y desencadena oleajes.
Crecen tempestades de emociones.
Primarias.
Únicas.
Nace en la magia
que desata tu voz.
Tu nombre es sonido.
Es locura y remolino.
Tu nombre es búsqueda.
Tu nombre renace
en la fuerza lograda.
Es el triunfo final de toda pérdida.
Tu nombre es susurro
de madrugada.

Tu nombre es encuentro
en el crepuscular lamento.
Tu nombre es
fuego y sosiego.
Tu nombre es el extraño fulgor
de una mirada.

Y SERÁ EN UNA TRAICIÓN

Y un día ella me abrazará.
Será el día señalado.
No sé si de madrugada y en Buenos Aires.
Nadie puede prometerle el encuentro.
Y ella tampoco lo pregona.
Pero sé que me iré en una traición.
A mí misma infligida.
Habré de traicionar promesas y las siete vidas otorgadas.
Me iré sin escribir libro.
Sin plantar un árbol con manos propias.
Me iré sin los amigos que se fueron antes.
Y aquellos que me olvidaron en el camino.
Me iré no sé cómo ni dónde.
Pero sé que será en propia traición.
A promesas que no me he cumplido.
Traicioné mi estilo.
No permití, que él, alcanzara el apogeo.
Y sé que me iré con dudas.
Con la traición profunda de no sacar a flote el sentimiento amordazado.
El silencio de heridas mal curadas.
Me iré traicionando mi locura.
Sin volar hasta el incendio.
Y me refugiaré en estas letras desteñidas.
Yo qué enfrenté, tormentas y fui ancla y bote.
Me traicioné.
Me he abandonado en pantano somnoliento.
En espesura de niebla y noche.
En un rincón de mi propia esencia.

ANA MARÍA ULEHLA

ANA MARÍA ULEHLA
BIOGRAFÍA

Docente jubilada, nació en Icaño, Stgo del Estero, Argentina, el 14 de Abril de 1936. Su padre, Cyrill Úlehla, checoeslovaco y su madre, Anna Balgová, austríaca. Pasó su primera infancia en Clorinda, Formosa, con los pueblos originarios pilagás en la cosecha del algodón, allí donde el diablo perdió el poncho y ni dios lo encontró, en medio de la nada.. Después de esa maravillosa experiencia, nada cuenta. Actualmente vive en La Rioja y se dedica a escribir y a recitar poemas propios y de autores de diversos países que se lo solicitan. Con esos audios, Martín Parnenzini, su nieto de 14 años, le ha enseñado a realizar videos que sube a YouTube. Además tiene el " Blog de la Abuela Ana " , donde escribe la historia de sus ancestros y una página " Salpicado de letras y voces ", donde plasma todos sus pequeños logros que comparte con su nieto.

Ha participado en concursos de poesía: Los Bulbules de Helicón, de México y ganó el primer puesto con su poema "Tu boca y la copa" con lo cual tuvo una entrevista radial con Katia N. Barillas.

También participó como juez en dos eventos del grupo de Carlos Rodríguez en Tiempo de Reflexión Narraciones y Poesía.

Tiene ganado el primer puesto en uno de sus eventos con su poema "De mi padre aprendí"; por cuatro años consecutivos ha publicado sus poemas en antologías del Instituto Cultural Latinoamericano;

Se le ha invitado a participar en lecturas de poemas en la Feria del Libro de La Rioja, Argentina.

Recientemente, Ricardo Salaberri, comparte su poesía al aire, colocando sus audios en varios programas de Guardabosques concediéndole una entrevista.

ALMA DE PATAGONIA

Este es el reflejo de mi alma, mis tripas, mis entrañas,
a corazón abierto, con música y todo.
Restallar de truenos y relámpagos,
luminosos como serpientes aladas;
trinos de pájaros, arco iris musicales;
pastizales solitarios que desparraman sus secretos al viento;
vastos humedales, grises, profundos,
como noches sin luna;
aguas cristalinas reflejando cielos;
nieves eternas, blancos sudarios de los cerros;
estatuas de hielo, gigantes guardianes del espacio-tiempo;
bosques encantados, murmurando insondables misterios;
caballos desbocados, galopando infinitas distancias,
sin jamás llegar al horizonte;
volcanes escupiendo fuego,
con lavas lamiendo las laderas cuesta abajo,
cual venas abiertas manando rojas sangres;
corazón de tierra, sollozando, gimiendo,
quebrándose de pena;
y cenizas, más cenizas, cubriendo de ceniza los pueblos;
viento, viento, viento,
llevando mensajes a través del tiempo, sin tiempos;
y lágrimas, que estallan en mi boca y en mis manos
derramándose como ríos revueltos.

SOBREVIVIENTE

La noche se alarga en las ojeras, apretándose
en los párpados entumecidos del estío,
algo ha retornado de lo antiguo, árido de angustia,
algo que volvió en el sólo sacudir de tu ausente mirada,
algo sentido en el ayer de desesperanza,
algo entumecido y frío,
algo como voces en el barro y la llovizna de la calle.

.

¡Cómo añorar tibieza en la distancia húmeda!
Aún con las dos manos extendidas
no alcanzaría a cubrir las huellas de tus pasos,
nítidamente presente, desgajada y yerta
dentro de mí misma.

.

Necesité de la mano confidente y la página blanca.
Quisiera conversar contigo, amigo, conversar
del horizonte elástico que abarca tu mirada,
conversar como los niños de ayer,
que soñaban telones de esmeralda.

.

Voy a descansar sobre la sábana blanca,
tendida sobre mi mano,
bajo este techo turbio de pena.

.

Querría que temblaras como yo tiemblo,
y huyeras de tus manos, de tus ojos, de tu boca.
Querría surgir potente en mi garganta y alzarme
para alcanzar la punta de tu mano,
a lo lejos, y temblar.

.

Temblar en tus palmas apretadas a tus sienes,
huir y correr sobre tu piel y estallar en la distancia,
donde tu mirada clavó nieblas,
para alzar mi frente reclinada.

SE ME VA LA VIDA

Sentada en mi alcoba esperando el alba,
miro mis manos vacías intentando alcanzarla,
los papeles, el libro, el vaso y el lápiz
no significan nada para mi pensamiento,
tan vacío como vacía está mi alma.

.

Siento crecer la noche terrible y despiadada,
siento nacer un grito ahogado en mi garganta,
vuelvo los ojos ciegos al color de las aguas,
nacen las gotas crueles de mis salobres lágrimas,
y la noche oscurece, poderosa y se alarga.

.

Corren ríos de pena por mis venas cortadas
y se me va la vida por los ojos del alma,
callan las aves sus trinos, y el tañer las campanas,
cubren los cielos claros con vestidos de lana
y sacuden las espadas plateadas negros tules.

.

Y al retumbar su grito con tambores estalla,
callando todos los cielos, cesando todas las aguas,
y el gemido que surge del pecho que abrió la puñalada
surca todos los horizontes de todas las almas.

.

Corren ríos de pena por mis venas cortadas
y se me va la vida por los ojos del alma.

A TRAVÉS DE TU SILENCIO

.

Estaba mucho más triste que para llorar,
con una tristeza sin dueño,
como una palabra apenas balbuceada,
como un camino borrado en el recuerdo.

.

Y la palabra esperada no llegó
a través de tu silencio,
como algo que todo lo depura,
con la fuerza de su fuego.

.

Entonces miro hacia atrás,
donde estuvimos, y no comprendo
cómo pude contener el llanto
que tu mano sembró con el silencio.

.

Tengo en la garganta voces
que te llaman a través del tiempo.
Y me pregunto cómo puedo
retener tu mano, que se me niega
como se me niega el sueño.

.

Por la noche que han traído tus ojos,
con las dos manos juntas vengo
a buscar el camino del retorno,
a pedirte la voz de nacimiento.

DIME POR QUÉ

Yo escuché, en medio de la noche,
de esta tierra el sollozo, el grito, el alarido,
el aullido de espanto de mi pueblo,
oprimido por el odio, desgarrado,
destruido, destrozado,
derrumbado con golpes sin compasión ni piedad.
Dime dónde, cuándo, quién, mira, ve;
quién siente, se conmueve y llora;
quién alza el puño y quién tiende la mano;
quién abraza y sostiene.
Dime, sólo dime, el porqué de tanto odio,
tanto espanto, tanta ceguera sin razón.
Dime por qué, si los campos florecen,
los frutos maduran, los pájaros trinan,
el sol brilla cada mañana
y la luna nos baña con su luz de plata…
por qué, sólo por que olvidar el amor?
Mira amor
las grullas pasan volando al atardecer
y las golondrinas emigran hacia otros lares,
buscando escapar lejos de la escarcha,
cuando se va apagando el fuego de esta tierra.
Sueña amor
los mas bellos sueños,
que yo pronto también partiré
en el tiempo de brumas y de sombras.

Cuando el rocío haya cubierto
los campos al amanecer,
no brillará el sol para mí,
sino una suave y dulce oscuridad
me acariciará los ojos
y se escuchará el tañer de las campanas
a la hora de la melodiosa oración temprana.

LIC. PATRICIA ELENA VILAS

BIOGRAFÍA

La autora, nacida en Capital Federal, el 1ro. de junio de 1958, comenzó a desarrollar su actividad literaria en su juventud, época en la que comenzó la producción de textos tanto en narrativa como en poesía. Es Licenciada en Gestión Parlamentaria y trabaja en el H. Senado de la Provincia de Buenos Aires.

Tuvo varias intervenciones en concursos literarios, tanto nacionales como del exterior, contando con trabajos publicados en antologías (Argentina –Editorial Dunken, España, Francia y Latin Heritage Foundation -United States of América). También tuvo participación en distintos portales literarios.

Las antologías editadas por Editorial Dunken, donde se encuentran publicados sus trabajos, son las siguientes: Puentes de Almas, Letras del Face V, Tejedores de Hebras, Por qué poesía, La Venganza, Vínculos, Poetas Contemporáneos, Caminos Interiores, Lugares, Cúpula de Palabras. y Voces del GLA.

Las poesías "La búsqueda del destino", "Ingenuidad" y "Palabras sin regreso" han sido premiadas en el XLVII Concurso Internacional de Poesía y Narrativa "Confluencia de Palabras", obteniendo "MENCIÓN DE HONOR", auspiciado por el Instituto Cultural Latinoamericano, siendo seleccionada por dicha organización para participar del VII INTERCAMBIO DE ESCRITORES "ARGENTINA-CUBA "UNIENDO PALABRAS 2016".

En el año 2013, publicó su primer libro personal de cuentos y poesías titulado "Reflexiones Nocturnas", el que fue presentado en las Ferias del Libro de la Ciudad de Buenos Aires en los años 2014 y 2015 y en la Feria del Libro de la Ciudad de La Plata 2015 y 2018.

Participó en el Certamen Nacional e Internacional "Arte Literario", organizado por la Editorial Novel Arte, resultando finalista en el

mismo, publicándose en la Antología Arte Literario los trabajos "Nunca tendrás mi alma", "Mis ojos se quiebran" y "Grito".
El cuento "El hada madrina de Londres" fue publicado en la Antología "Magia" del Grupo Literario Ayacucho, editada por Editorial Tahiel.
Dos poesías de su autoría "Deseos" y "Refugio" han obtenido Mención Especial en el 56º CONCURSO INTERNACIONAL DE POESIA Y NARRATIVA "Premio a la Palabra 2017", organizado por el Instituto Cultural Latinoamericano, siendo seleccionada para participar de un intercambio cultural en la República de Chile.

El sábado 11 de noviembre de 2017, en la ciudad de Córdoba, fue distinguida con el premio "Arco De Córdoba", evento organizado por la empresa O.B.C Producciones a cargo del manager Benito Correa.

Una poesía de su autoría fue seleccionada en una presentación de los World Art Games, en Noruega.
Participó Tertulia Poética Argentina con la publicación de las poesías "Refugio", "El túnel", "Deseos", "Grito", "Intrigas" y "Alto".
Participa en "Mujer y Poesía en Latinoamérica 2018", con los libros "Reflexiones Nocturnas" y "Simplemente…la vida y los versos" que formarán parte del evento "XIII Encuentro Internacional de Escritoras – Marruecos 2018, a realizarse en Tetuán, del 25 al 28 de octubre de 2018, Marruecos, África". Estará representada por la escritora Beatriz Valerio.
Miembro académico de la Academia Norteamericana de Literatura Moderna y miembro académico asociado de la Academia Latinoamericana de Literatura Moderna.
Una poesía de su autoría "Conjeturas" ha obtenido Mención Especial en el 59º CONCURSO INTERNACIONAL DE POESIA Y NARRATIVA Audiolibro "PALABRAS DESTACADAS 2018", organizado por el Instituto Cultural Latinoamericano.

Dos poesías de su autoría "La noche, esa arrogante dama" y "Tenebrosa travesía" han obtenido Mención de Honor en el 60º CONCURSO INTERNACIONAL DE POESIA Y NARRATIVA, "Acercando Palabras 2018", organizado por el Instituto Cultural Latinoamericano.

El libro "REFLEXIONES NOCTURNAS" fue distinguido con el premio ANTENA VIP, evento organizado por Reina del Plata Artístico de la ciudad de La Plata.

Recibió Diploma de Reconocimiento como "AUTOR DESTACADO 2018", por parte del Instituto Cultura Latinoamericano. Publicación de la poesía Bella Tristeza en la Antología correspondiente.

Los libros "REFLEXIONES NOCTURNAS" y "SIMPLEMENTE ... LA VIDA Y LOS VERSOS" fueron distinguidos con el premio Reina del Plata, evento organizado por Reina del Plata Artístico de la ciudad de La Plata, llevado a cabo en el Hotel Claridge de la ciudad de Buenos Aires.

Participó del III° Encuentro Internacional de Escritores "Ciudad de Campana" y en el Concurso Nacional de Cartas de Amor, organizado por Fundación Cáthedra –Centro de Promoción de las Artes y las Ciencias, obteniendo la poesía "Entre lenguas de fuego" Mención de Honor y Premio Creatividad, la que fue publicada en la antología "Corazón abierto".

EL TÚNEL

En la inmensidad del túnel
oscuro, largo y tenebroso,
se escuchó un estampido

electrizante, desgarrador

que sacudió la noche,

estrujó almas, aniquiló vidas,

y elevó mi ser

a la oscuridad de la noche.

Suavemente, ascendí

por la interminable habitación

rodeada de ángeles,

recibiendo amor y ternura,

como nunca antes.

Resplandecía de felicidad,

paz y sosiego.

Me pregunté:

¿Será posible que al final

he encontrado la felicidad?

MIS OJOS SUEÑAN

Mis ojos se quiebran en el viento,
aman el azul desierto,
las formas del cristal.

Estoy bebiendo mi oscuro torrente púrpura,

tropezando con mi rostro distinto cada día,

sin esperanzas, desarmándose.

Odian la sombra del pájaro,

el sol que parpadea como una luz,

el árbol amputado que no canta,

que erráticamente desvaría.

Mis ojos sueñan

con la tímida vergüenza que me atrapa,

las tinieblas que me abandonaron,

el ser angelical que me guiaba,

las calles de la ciudad inundadas de hojarasca,

teñidas de rojo, verde, azul, ocre,

la fría humedad del adoquín,

las tinieblas que no me abandonaron.

El demonio que acecha a mis espaldas,

mi último viaje al fin del mundo.

apacigua mis delirios.

El alma habla de pena,

la pena de sinsabores,

la vida deshace los sueños,

y a mí se me va la vida.

INTRIGAS

Supe adivinar las intrigas revueltas
de tu mágica existencia,
desconectadas por el tiempo.
Supe adivinar tus deseos no revelados
con solo mirarte a los ojos, saber que tu
corazón habla lo que tus ojos no dicen.
Supe tantas cosas… pero mi corazón también habla
lo que mis ojos no dicen.
Que la niebla no nuble tu pensamiento,
que el desánimo no turbe tu lúcido espíritu.
Que el desamor no te venza,
que nada espante tus planes de vida,
ni aún el más insidioso espíritu
que revolotea a tu alrededor.
En el rebuscado mundo de mi imaginación,
mil inventos,
en el rebuscado mundo de tu imaginación,
mil ideas.
Quisiera entrar en tu mente,
saber qué piensas,
quisiera entrar en tu corazón,
saber qué sientes.
Solamente una noche para saber,
al fin de cuentas,
si eres valiente para afrontar
las adversidades de la vida.

TU ARDIENTE AMOR

Tu ardiente amor se evaporó
de mis manos, sin darme cuenta,
permanecí en soledad,

los días me sepultaron.

Las titilantes estrellas del firmamento,

de mi angustia, se compadecen,

sobre mi rostro caen, inexorables,

lágrimas de cristal.

El cielo, fiel testigo de mi dolor,

las estrellas junto a mí, lloran,

una inconmensurable tristeza

invade mi interior.

LA NOCHE, ESA ARROGANTE DAMA

A medida que la noche orgullosa,
elegante, y arrogante dama,
nuestras almas recorre,

presiento que mi fin está cerca

.

Difícil viaje para atrapar la alborada,

por la fría, solitaria y pensativa arena

voy caminando, con un sentimiento

de extrañeza hacia ti.

Trasponiendo obstáculos,

recorro palmo a palmo

el tortuoso camino nocturno,

desplegando toda mi ilusión.

El andar se hace lento y fatigoso,

íntimamente sé que comprenderás,

mi intrépida sensación

de ver despuntar el alba.

MARIEL GABRIELA ZUCCA

MARIEL GABRIELA ZUCCA

Argentina. Nacida en Rosario, el 1° de abril de 1979, con residencia actual en la Ciudad de Pérez, Provincia de Santa Fe.

Profesora de nivel primario, Miembro Activo y Secretaria de la Sociedad Argentina de Escritores de Rosario, Embajadora de la Palabra y del Idioma Español, por la Fundación César Egido Serrano de España.

Comencé a escribir en la adolescencia, pero desde siempre, juego con las palabras, para contar la vida, de la mejor manera posible.

Varios años después, atreviéndome a mostrarlos, algunos han sido seleccionados para ser publicados en diferentes antologías, otros recorren distintos espacios culturales en una Muestra Itinerante de Fotocuadros, llamada Escri-viendo la Vida.

"Siempre con la intención de transmitir el valor de las palabras y embellecer el mundo con ellas... "

MILONGA

La vida es una milonga,
y estamos para bailarla.
Rápida como va,
sensual como viene.
Lo importante es escuchar,
ese ritmo que tiene.
Milonga pa' recordar,
milonga para bailarte.
Bailemos la vida juntos,
venite ya, che pebete.
Si metiste mal un paso,
ahí mandale un firulete,
no importa aunque se te note.
La milonga es pa´ divertirte.
Y si la vida es muy triste,
improvisale un firulete.
No te quedes ahí parado,
que este son se va acabando.
No dejes que se termine,
intentale, dale un paso.
Improvisale un firulete.

EL SEÑOR DE LAS AGUAS

Sería una tarde más.
Como hoy, como ayer,
como otras…
Tu diminuto cuerpo
enfrentó sus garras,
gigantes, enormes…
Él se enamoró de ti.
Despertaste sin saberlo
sus peores tempestades.
Avivaste su pasión.
Carcelero furtivo,
con sus aguas te atrapó.
Luchaste en su torrente,
pero de tu vida,
ese río, señor de las aguas,
se logró adueñar.

DIVAGANDO

He visto por ahí,
a tu vida divagar,
medio perdida,
como loca caminar.
Seriamente algo buscar.
El tesoro escondido,
que quieres encontrar,
está aquí al lado tuyo
y no lo has sabido cuidar.
Hoy he visto por ahí,
a mi vida divagar,
buscando tu amor perdido,
que no ha podido encontrar.

SUSTANTIVO AMOR

Tantas veces te escribí,
otras tantas te borré.
Tantas veces te amé,
pero muchas más te odié.
Frío, cruel y traicionero.
Con cara de niño lindo,
con alma de carroñero.
Porque duele hasta el más sincero,
por sus verdades abiertas
y sus oscuras tormentas.
Dolor amado y buscado,
que llenas mi corazón
de dolor alegre,
o dolor truncado.
Dolor truncado,
te llaman felicidad…
Por un hecho inesperado,
por un gesto entregado.
Dolor alegre que siempre estás,
alardeando tu victoria,
anidando tu ambición,
abnegado tu derrota,
cada vez que te borré,
o cada vez que más te odié.
Sustantivo común amor,
puede matar, puede revivir.
Revivo cuando te escribo,
y muero cuando te borro.

UNA COPA MÁS

Pásame una copa más,
y embebe el alma en alcohol.
Olvida las penas de amor,
y jura no llorar más.
Que esta copa será
la más fuerte que has bebido,
y tu alma abrirás,
para olvidar el amor perdido.
Mas tu juramento será
cual soldado herido,
que lucha y se desangra,
aunque esté rendido.
No llores más vida mía,
hoy brindo con esta copa,
más fuerte que he bebido,
porque esta última lágrima
cicatrice las heridas
más profundas de la vida.

Créditos de Fotografías:
- Vanessa Richard
-www.todoenimagen.com
-www.editorialhispana.com
www.postalesdelmundo.com

GRACIAS A NUESTRO CO-AUSPICIADOR:

PUBLICACIONES DE EDITORIAL HISPANA

No.	*Títulos*	*Escritor/es*
01	*Febrero Bisiesto*	*Vanessa Richard*
02	*Amor Antología Poética*	*Diversos Autores*
03	*Finanzas Emocionales. Mejora tu Relación con el Dinero*	*Claudia Di Giorgio*
04	*Tres Abejitas Traviesas*	*Vanessa Richard*
05	*Perspectiva Periodística Mundial*	*Adolfo Parra Moreno*
06	*Mujer. Antología Poética*	*Diversos Autores*
07	*Cantos y Bailes Infantiles*	*Vanessa Richard*
08	*Rosas para mi Madre*	*Diversos Autores*
09	*Las Mujeres no Van al Infierno*	*Vanessa Richard*
10	*Belleza Natural*	*Diversos Autores*
11	*La Búsqueda de Una Escritora*	*Vanessa Richard*
12	*Cuentos Infantiles de Latinoamérica*	*Diversos Autores*
13	*Diezmo: Mandamiento o Conveniencia*	*Ismael Cotto*
14	*Celebrating Poets and Poetry*	*Vanessa Richard*
15	*Cuentos de Iberoamérica*	*Diversos Autores*
16	*Poemario para el Alma Infantil*	*Vanessa Richard*
17	*Herencia Hispana*	*Diversos Autores*
18	*Noctámbula*	*Vanessa Richard*
19	*Bohemia Hispana*	*Diversos Autores*
20	*38 años en la Cárcel del Pecado*	*Pastor Guillermo Plaud*
21	*La Musa de Nuestros Poetas*	*Diversos Autores*
22	*Reencuentro con la Vida*	*Julio A. Núñez Meléndez*
23	*Caballeros y Claveles*	*Diversos Autores*
24	*Rincón del Alma. Secretamente*	*Maribel Hernández*
25	*Sentimientos de Amor*	*John J. Uribe Sierra*
26	*Inspiración Divina. Sentimientos del Alma*	*María Teresa Castillo*

27	*Grito de Guerra*	*Clara Rodríguez*
28	*Manual de Inglés*	*Vanessa Richard*
29	*Latinoamérica entre Cuentos y Relatos*	*Diversos Autores*
30	*Manual de Computación*	*Vanessa Richard*
31	*Caballeros y Claveles*	*Diversos Autores*
32	*Ensayos de Latinoamérica*	*Diversos Autores*
33	*Latinoamérica entre Cuentos, Relatos y Ensayos*	*Diversos Autores*

Made in the USA
Las Vegas, NV
05 May 2024

89556587R00066